세상을
바꾼 아이

글_ 앤디 앤드루스

'뉴욕 타임스'가 "어느새 미국에서 가장 영향력 있는 인물 중 한 사람"으로 평가한 앤디 앤드루스는 베스트셀러 소설가이자 유명한 연설가입니다. 네 명의 미국 대통령이 그에게 찬조 연설을 부탁했지요. 〈폰더 씨의 위대한 하루〉, 〈오렌지 비치〉, 〈폰더 씨의 위대한 결정〉 같은 베스트셀러 소설을 발표했습니다. 앨라배마의 오렌지 비치에서 아내 폴리, 두 아들과 함께 살고 있습니다.

그림_ 필립 허스트

킹스턴 대학에서 일러스트를 전공하고 다양한 책에 자신만의 색깔로 그림을 그렸습니다. 아내, 세 아들과 함께 잉글랜드 켄트의 롬니 마시에서 살고 있습니다.

옮김_ 김서정

동화 작가, 평론가, 번역가로 활동 중이며, '오늘의 젊은 예술가상'을 받았습니다. 현재 중앙대학교와 '김서정 동화 아카데미'에서 동화를 가르치고 있습니다. 지은 책으로 〈동화가 재미있는 이유〉, 〈용감한 꼬마 생쥐〉 등이 있고, 〈그림 메르헨〉, 〈공룡이 없다고?〉 등을 우리말로 옮겼습니다.

세상을 바꾼 아이

글 앤디 앤드루스 | 그림 필립 허스트 | 옮김 김서정

초판 1쇄 발행 2011년 3월 30일 | 초판 2쇄 발행 2011년 4월 20일
펴낸이 도승철 | 펴낸곳 밝은미래 | 등록 2005년 5월 2일 (제105-14-87935호)
주소 서울 마포구 서교동 395-126 | 전화 322-1612~3 | 팩스 322-1085 | 홈페이지 http://www.bmirae.com
편집주간 현민경 | 편집 김민애 | 디자인 김지언 | 마케팅 박치우 | 경영지원 강정희 | 해외저작권 신수경
ISBN 978-89-6546-033-6 77840
ISBN 978-89-92693-83-7 (세트)

뉴욕 타임스 베스트셀러 작가의 감동 메시지

세상을 바꾼 아이

글 앤디 앤드루스
그림 필립 허스트 | 옮김 김서정

밝은미래

오스틴과 아담 앤드루스,
이미 나의 세상을 바꾼 두 아이에게.
너희들을 정말 사랑한단다!

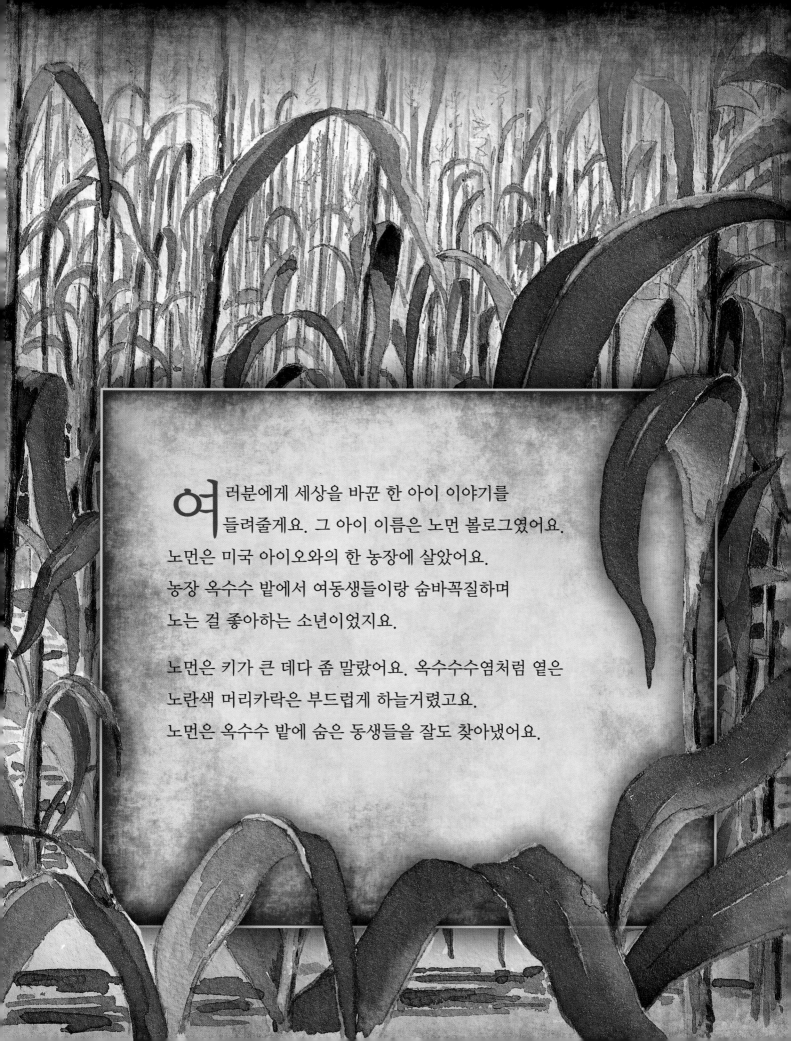

여러분에게 세상을 바꾼 한 아이 이야기를
들려줄게요. 그 아이 이름은 노먼 볼로그였어요.
노먼은 미국 아이오와의 한 농장에 살았어요.
농장 옥수수 밭에서 여동생들이랑 숨바꼭질하며
노는 걸 좋아하는 소년이었지요.

노먼은 키가 큰 데다 좀 말랐어요. 옥수수수염처럼 옅은
노란색 머리카락은 부드럽게 하늘거렸고요.
노먼은 옥수수 밭에 숨은 동생들을 잘도 찾아냈어요.

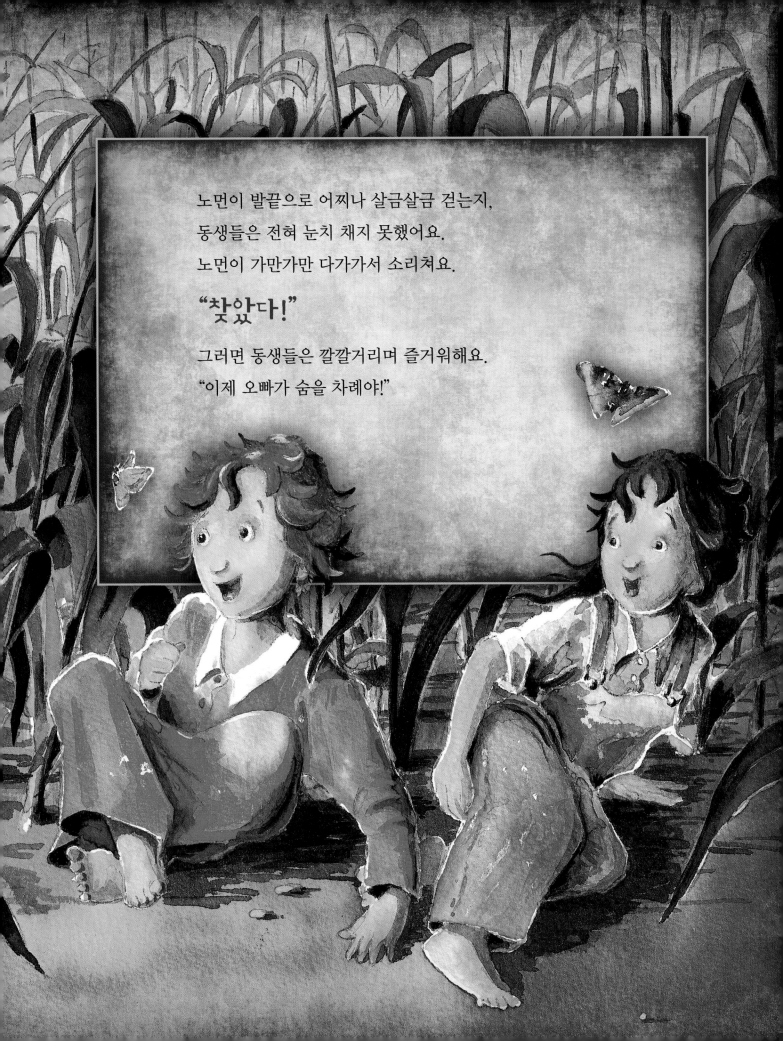

노먼이 발끝으로 어찌나 살금살금 걷는지,
동생들은 전혀 눈치 채지 못했어요.
노먼이 가만가만 다가가서 소리쳐요.

"찾았다!"

그러면 동생들은 깔깔거리며 즐거워해요.
"이제 오빠가 숨을 차례야!"

노먼은 옥수수 사이로 달려갑니다. 옥수숫대를 밟지 않으려고 조심하면서요.

바로 어제 아빠가 알려 줬거든요.

"얘야, 우리가 이 옥수수를 갖게 된 건 하느님의 은총이야.

세상에는 굶주리는 사람이 너무 많단다."

'항상 배가 고픈 건 어떤 기분일까?'

노먼은 끝없이 펼쳐진 옥수수 밭을 보면서 생각했어요.

'이 옥수수를 배고픈 사람들에게 먹일 방법은 없을까?'

바로 그때 그곳에서
노먼은 세상을 바꾸기로 마음먹었어요.

노먼은 식물에 관한 거라면 뭐든지 배웠어요.
그리고 어른이 되어서 월레스라는 사람 밑에서 일했지요.
월레스가 말했어요.
"노먼, 그동안 배운 지식으로 특별한 씨앗을
만들어 보게. 그 특별한 씨앗이 슈퍼 식물로 자라서
지금보다 훨씬 많은 사람들을 먹일 수
있도록 말이야!"

특별한 씨앗을 만들기 위해 노먼은 아주 먼 곳으로 갔어요. 쏟아지는 비와
한여름의 땡볕을 견디며 열심히 일했어요. 절대 포기하지 않았어요.
그리고 마침내 노먼은 특별한 씨앗을 개발했답니다.

노먼이 만든 옥수수와 밀과 쌀 씨앗은 온 세상에 퍼졌어요.
이 특별한 씨앗은 슈퍼 식물로 자라서 굶주린 사람들을 먹였어요.
노먼이 어렸을 때 꿈꾸었던 그대로 말이에요.
그거 아세요? 노먼은 굶주리는 사람 이천만 명을 구해 냈어요.

이천만 명이요!

정말이에요. 노먼은 세상을 바꾼 아이였답니다!

아니면 헨리라는 이름의 아이였는지도 몰라요.

여러분에게 세상을 바꾼 한 아이 이야기를 들려줄게요.
그 아이 이름은 헨리 월레스였어요.
헨리 아빠는 대학 교수였고, 아빠의 제자 중 하나가 조지였어요.

헨리와 조지는 시골 탐험하는 걸 좋아했어요. 헨리가 보기에 조지는
세상에서 식물에 대해 가장 잘 아는 사람 같았어요.

헨리는 연못 가장자리에서 물가 식물을 관찰하곤 했어요.
"물에 너무 가까이 가면 안 된다, 헨리.
네가 하마에게 잡아먹히기라도 하면 아빠가 기절하실 테니까."
조지의 말에 헨리는 깔깔 웃었어요.
"에이, 여기에 무슨 하마가 살아요!
그냥 꽃을 더 자세히 보려는 거예요."

"헨리, 하느님은 뭔가 배우라고 우리에게 식물을 주셨단다.
우리는 배운 걸로 다른 사람들을 도울 수 있어. 이건 아주 중요한 임무야."
"조지 형, 나도 내 임무를 다하고 싶어요. 형이 도와줄래요?"
"물론이지. 잊지 마라, 헨리야.

하느님은 뭔가 변화를 일으키라고 너를 만드셨어.
난 네가 그걸 해낼 거라고 믿는다."

헨리는 열심히 식물에 대해 배웠고, 나중에 미국 농무부 장관이 되었어요.
그 뒤엔 미국 부통령이 되었고요!
헨리는 부통령이 된 뒤에도 계속 식물을 연구했어요.

헨리 부통령은 온 세상 사람들이 곡식을 많이 거둘 수 있기를 바랐어요.
그래서 노먼 볼로그에게 일을 맡겼어요. 굶주린 사람들을 위해
슈퍼 식물로 자라는 특별한 씨앗을 개발한, 그 노먼 말이에요!

헨리는 어린 시절부터 특별한 씨앗에 대해 생각하며 자랐고,
　　　노먼이 그 일을 해내도록 했어요.
　　　헨리야말로 세상을 바꾼 아이였지요!

아니면, 조지였을지도 몰라요.

여러분에게 세상을 바꾼 한 아이 이야기를 들려줄게요.
그 아이 이름은 조지 워싱턴이었어요.

미국 초대 대통령이었던 조지 워싱턴과 이름은 같지만,
훨씬 더 나중에 살았던 사람이에요.

조지 아빠는 조지가 태어나기도 전에 돌아가셨어요.
엄마는 조지가 아주 어렸을 때 돌아가셨고요.
다행히 마음좋은 모지스 카버 부부가
조지를 입양해서 가족으로 맞아들였답니다.

"조지, 뭐 하고 있니?"

어느 날 옆집 아줌마가 나뭇등걸에 앉은 조지에게 물었어요.

"발목 다친 친구에게 목발을 만들어 주려고요."

"세상에, 볼품없는 나뭇가지로 그렇게 멋진 걸 만들다니!

조지, 넌 솜씨도 좋고 마음도 따뜻하구나."

"고맙습니다. 그렇지만 뭐, 별거 아니에요."

"목발을 받으면 그 친구가 아주 좋아하겠다. 그거 아니?

별거 아닌 일이 큰 변화를 만든단다.

우리가 관심을 갖기만 하면 말이야.

네가 하는 작은 일 하나가 세상을 바꿀 수도 있어."

물론, 조지 워싱턴 카버도 세상을 바꾸었어요.
조지는 교사가 되었고, 발명가도 되었지요.
땅콩으로 266가지나 되는 물건을 발명했는데,
우리는 아직도 그걸 사용하고 있답니다.
고구마로 88가지 물건도 발명했고요.

하지만 조지는 그보다 훨씬 더
중요한 일을 몇 가지 했어요.

조지는 아이오와 주립 대학에 있을 때 월레스 교수를 만났어요.
주말마다 교수의 여섯 살짜리 아들 헨리와 들판과 숲을 누볐고요.
그러면서 헨리에게 식물에 대해서 가르쳐 주고,
식물이 사람을 어떻게 도울 수 있는지도 가르쳤어요.

자, 이제 정리해 볼까요?

노먼은 슈퍼 식물로 자라서 굶주린 사람들을 먹일 수 있는
특별한 씨앗을 개발했어요. 하지만 슈퍼 식물을 개발하라고 한
헨리가 없었다면, 그 일을 해내지 못했을 거예요.
그리고 헨리는 식물에 대해서 가르쳐 주었던
조지가 없었다면, 그런 생각을 하지 못했을 거고요.

그렇다면 조지 워싱턴 카버라는 아이가 세상을 바꾼 거예요!

잠깐만요, 조지의 아빠 모지스를 잊고 있었네요.

여러분에게 세상을 바꾼 한 아이 이야기를 들려줄게요.
그 아이 이름은 모지스 카버였어요.
엄마 아빠와 함께 농장에서 살았지요.

모지스는 버려진 널빤지에서 못을 빼고 있었어요.
바로 옆에서는 수탉 버즈가 지켜보았고요.

"모지스!"

엄마가 모지스에게 다가오면서 물었어요.

"너, 뭐 하니?"

"이 못을 널빤지에서 빼내서 다시 쓰려고요.
닭장이나 헛간 지을 때요."
"고맙구나, 모지스. 정말 좋은 생각이다. 버즈가 너한테 고마워할 거야."
엄마는 미소를 지으며 말했어요.
"저 녀석, 지금 못 빼는 거나 도와줬으면 좋겠어요!"
모지스가 버즈를 쳐다보며 웃었어요.

"얘야, 네가 하는 일은 모두 세상을 달라지게 한단다.
좋은 일이든 나쁜 일이든 말이야.
난 네가 오늘 좋은 일을 해서 정말 자랑스럽구나."

어른이 된 모지스는 수잔과 결혼을 했고, 일꾼들과 함께
농장을 꾸렸어요. 그렇게 행복하게 살고 있을 때였어요.
어느 날 밤, 무법자 패거리가 농장으로 쳐들어왔어요.
그들은 헛간을 불태우고, 일꾼 몇 명을 납치해 갔어요.

그중 한 명이
조지라는 어린아이였어요.

모지스는 가만 있을 수가 없었어요!
몇 날 며칠 헤맨 끝에, 마침내 어린 조지를 찾아냈지요.
모지스는 가장 아끼는 말을 주고 조지를 데려왔어요.

그날 밤 모지스는 집으로 돌아오면서 조지에게
아빠가 되어 주겠다고 말했어요.
그리고 새 이름도 지어 주었어요.
"잘 자렴, 꼬마 조지 워싱턴 카버야."

만약 모지스가 무법자들한테서 조지를 구해 내지 않았다면
조지는 헨리를 숲이나 강가로 데려갈 수 없었을 거예요.
그러면 헨리는 식물에 관심을 갖지 않았을 테고,
나중에 노먼에게 일거리를 주지도 않았겠지요.

헨리의 아이디어가 없었다면 노먼은
슈퍼 식물로 자라는 특별한 씨앗을
개발할 수 없었을 테고요.

그리고 슈퍼 식물이 없었다면

이천만 명의 사람들이
굶주렸을 거예요.

정말 신기하지요? 어떤 일이 생길 때마다 다른 일도 꼭 따라서 생겨요. 그걸 '나비 효과'라고 부른답니다.

나비 한 마리가 날개를 파닥이면 공기가 아주 조금 움직이고……,
다른 공기도 따라서 조금 움직이고…… 또다른 공기도 움직여요.
그러면 지구 반대편에서는 바람이 '휘잉' 부는 걸 느껴요.
바로 몇 분 전 여기서 나비 한 마리가 날개를 파닥인 것 때문에요!

여러분이 하는 아주 작은 일 하나가
매우 중요하다는 뜻이에요.

여러분이 어제 한 일, 오늘 하는 일, 내일 할 일 모두 중요해요.
여러분의 움직임 하나하나, 하는 일 하나하나는 평범한 일이 아니에요.
주변 사람들뿐 아니라 세상 모든 사람들에게 항상 중요하답니다!

이게 무슨 뜻인지 아세요?

**여러분이 바로
세상을 바꾸는 아이가
될 수 있다는 말이에요!**